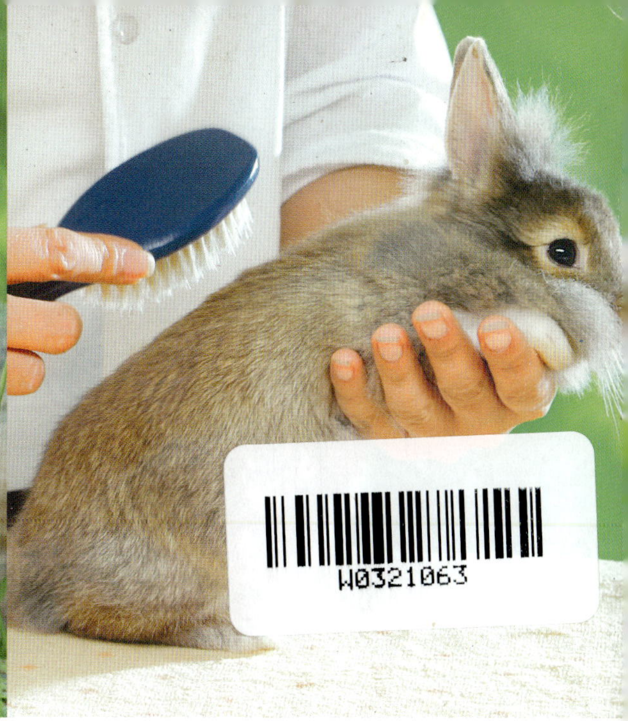

Un tandem de choc

Le logement de vos protégés 20
Les accessoires 22
Partir à l'aventure 24
Devenir l'ami de son lapin 26
Les règles de vie communes 28
Comprendre les lapins nains 30
La socialisation 32
L'alimentation 34
Les aliments frais 36
Être en forme tout en s'amusant 40
L'environnement du lapin nain 42

ZOOM Quelques exercices stimulants 38

Offrez à vos lapins un environnement idéal et à apprenez à tisser des liens amicaux avec eux.

Des soins et de l'affection

Le nettoyage 46
Les soins préventifs 48
Reconnaître une maladie 50
Les maladies 52
Ce que vous pouvez faire 54
Reproduction 56

ZOOM L'éducation des lapereaux 58

Apprenez à prendre soin le mieux possible de vos lapins. Sachez ce qu'il faut faire quand ils sont malades ou se reproduisent.

Des locataires avec du caractère

Avec leur pelage doux, les lapins nains ressemblent à de petites peluches. Pourtant, derrière cette apparence, se cache un vrai caractère. Si vous vous occupez bien de vos animaux, ils vous en seront reconnaissants. Les lapins doivent bénéficier de soins qui respectent leur rythme biologique. Vous pourrez alors découvrir leur vie captivante, vous enthousiasmer pour leur curiosité et former une équipe de rêve.

Les lapins comme ceux ci-dessus sont de petits animaux vifs, plein d'entrain qui ont soif d'aventure.

Connaître les lapins nains

6 L'origine des lapins nains

8 Des capacités fascinantes

10 Comportement et caractéristiques

14 Le choix du partenaire

ZOOM 16 Acheter un lapin nain

L'origine des lapins nains

Les lapins nains comptent parmi nos animaux domestiques favoris, tout particulièrement chez les enfants. Rien d'étonnant à cela : leurs grands yeux, leur petit nez, leurs oreilles et leur entrain en font des animaux très attachants.

La domestication des lapins nains a été relativement tardive. On trouve aujourd'hui une grande diversité d'espèces, tant sur le plan de la taille, du pelage, des couleurs que sur la forme du corps ou des oreilles.

Origine

À l'origine, le lapin de garenne, ou lapin européen, peuplait la péninsule ibérique et plus particulièrement les régions côtières. À partir du Moyen-Âge, l'espèce a progressivement conquis l'Europe de manière naturelle. Pendant l'Antiquité, les Romains allaient chercher les lapins sauvages en Espagne pour les ramener en Italie. Ils y étaient élevés et se reproduisaient dans des « leporaria », des parcs murés. À l'époque, les jeunes lapereaux étaient particulièrement appréciés des gourmets car ils constituaient un mets très fin. En France, au Moyen-Âge, les lapins étaient élevés dans de grands enclos nommés "garennes" où ils vivaient en semi-liberté. Aujourd'hui, en raison de l'intervention de l'homme, les lapins ont conquis une grande partie du globe.

Mode de vie

Les lapins sauvages forment des groupes appelés colonies. Ils vivent souvent

La vie à deux constitue le mode de vie originel du lapin. Deux animaux qui s'apprécient se blottissent l'un contre l'autre, se prodiguent mutuellement des soins corporels et découvrent ensemble leur environnement.

Le lapin a, en quelque sorte, deux « visages » : c'est un animal peureux, fuyant au moindre danger ; d'autre part, il est très curieux.

dans un même endroit et, si la nature du sol le permet, creusent des terriers qui forment un système ramifié. Chaque animal dispose de son propre terrier. La vie au sein du groupe respecte une hiérarchie stricte et les relations entre les individus sont régies par un comportement social complexe, ce qui ne les empêche pas d'user de leurs griffes et de leurs dents lors des rares combats.

Caractéristiques

Le lapin de garenne (*Oryctolagus cuniculus*), variante sauvage de notre lapin domestique, appartient à l'ordre des Lagomorphes, qui regroupe notamment les lapins et les lièvres, et dont le signe distinctif réside dans la présence de deux paires d'incisives sur la mâchoire supérieure (l'une derrière l'autre). L'ordre compte plus de 50 espèces sauvages, qui se répartissent entre les petits pikas (les « lièvres siffleurs » aux petites oreilles rondes) et les léporidés (famille du lièvre européen et du lapin de garenne). Les représentants de cette famille se sont développés dans presque toutes les régions du globe. L'Arctique, l'Australie et la Nouvelle-Zélande restent les seules contrées que le lapin n'a pas colonisées naturellement. En Australie, les lapins ont été lâchés dans la nature et, du fait de l'absence de prédateurs naturels, sont devenus une véritable calamité, avec des conséquences désastreuses pour l'écosystème.

À SAVOIR

Ce ne sont pas des rongeurs

Cette dénomination abusive est probablement due au fait que les dents des lapins poussent en permanence. Toutefois, d'un point de vue zoologique, ce ne sont pas des rongeurs.

Des capacités fascinantes

Les lapins disposent de tous les atouts pour bien s'adapter à leur environnement.

Performances sensorielles

Les capacités sensorielles des lapins fournissent des repères essentiels à la compréhension de ces animaux.

- **Ouïe :** Grâce à leurs oreilles en forme d'entonnoir, les lapins bénéficient d'une excellente ouïe, d'autant plus qu'ils peuvent faire pivoter les pavillons de leurs oreilles indépendamment l'un de l'autre. Ainsi, les lapins entendent sur 360° et parviennent à capter les sons les plus faibles. L'ouïe des lapins béliers est moins performante à cause de leurs oreilles tombantes.
- **Odorat :** Le nez du lapin, dont les ailes sont mobiles, est doté de 100 millions de cellules sensorielles. L'odorat est essentiel, notamment pour le marquage du territoire et la communication au sein du groupe.

Les lapins sont de véritables champions du saut. Leurs pattes arrière, puissantes et musclées, leur permettent de faire des bonds spectaculaires. Les animaux les plus agiles peuvent également courir à une vitesse très appréciable.

▸ **Vue :** Animal de fuite classique, le lapin bénéficie d'un champ de vision étendu grâce à ses grands yeux placés de chaque côté de la tête. Dans la nature, l'animal peut ainsi se protéger de ses nombreux prédateurs. Des études ont révélé que le lapin est capable de différencier le rouge du vert. Néanmoins, il est improbable qu'il ait une perception extrêmement précise des couleurs. Sa vision au crépuscule est toutefois très performante.

▸ **Toucher :** Les moustaches (ou vibrisses) se trouvent de chaque côté du nez et de la bouche. Grâce à elles, le lapin peut s'orienter dans l'obscurité. Ainsi, il sait s'il peut passer à travers une ouverture ou détecter d'éventuels obstacles.

▸ **Goût :** Ce sens est bien plus développé chez le lapin que chez de nombreuses autres espèces animales. En effet, il est capable de reconnaître le sucré, l'acide, l'amer et le salé. L'amertume ne le rebute pas. Les parties aériennes d'une plante comme le pissenlit figurent même parmi ses aliments favoris.

Le lièvre est un animal solitaire, alors que le lapin vit en colonie. Même domestique, le lapin a besoin de la présence de ses congénères.

Anatomie

On confond souvent les lapins avec les lièvres. Ces deux espèces présentent en effet de nombreuses similitudes. Plusieurs éléments vous permettront néanmoins de les différencier.

▸ **Gestation :** Lapin : 31 jours en moyenne ; lièvre : 40 à 42 jours.

▸ **Nombre de petits par portée :** Lapin : 4 à 8 lapereaux en moyenne ; lièvre : 1 à 3 levrauts, le plus souvent 2, rarement 4.

▸ **Apparence à la naissance :** Les lapereaux sont nidicoles, nus et aveugles (page 58). Les levrauts sont nidifuges, naissent avec des poils, peuvent voir et entendre.

▸ **Poids :** Le lapin de garenne pèse environ 1,5 – 2 kg. Le lièvre pèse quant à lui 5 à 6 kg.

▸ **Forme du corps :** Le lapin est trapu, ses oreilles sont plus courtes que la tête. Les pattes avant et arrière sont à peu près de même longueur, alors que chez le lièvre, au corps plus allongé, les membres postérieurs sont bien plus longs que les membres antérieurs. Les lapins et les lièvres ne peuvent pas s'accoupler.

Comportement et caractéristiques

En dépit de tous leurs points communs, il ne faut pas oublier que les lapins possèdent des caractères différents selon leur race.

Comportement

Le lapin pousse uniquement des cris en cas d'agitation extrême ou s'il souffre beaucoup. Dans le cas contraire, sa nature d'animal de fuite en fait un animal très calme. S'il est irrité ou souhaite donner un avertissement, il émet une succession rapide de grondements brefs. Il peut également produire une sorte de feulement juste avant de passer à l'attaque. Si un lapereau se sent mal à l'aise (s'il a faim, froid ou appelle sa mère, par exemple), il peut se mettre à couiner.

Les lapins, et même les lapins nains, aiment beaucoup creuser le sol. Cette attitude fait partie de leur comportement.

▸ **Marquage :** Les odeurs jouent un rôle essentiel chez le lapin. Des glandes situées sous le menton sécrètent une substance aqueuse inodore pour l'homme. L'animal frotte son menton contre le grillage, son abreuvoir, sa mangeoire et d'autres objets pour marquer son territoire. Ce sont surtout les mâles qui marquent leur territoire car les glandes des femelles sont moins développées. Les odeurs émises par les excréments, l'urine et les deux glandes situées à proximité de l'anus permettent également à l'animal de marquer son territoire et de reconnaître ses congénères.

Des couleurs et des pelages variés

On trouve de nombreuses races de lapins, qui se distinguent par leur taille et leur pelage. Vous trouverez dans cet ouvrage la présentation de certaines d'entre elles. La taille et le poids permettent d'établir une hiérarchie :

- Grandes races
- Races de taille moyenne

Les lapins sont très doués pour le saut. Vous pourrez le constater en voyant votre animal bondir sans aucune difficulté sur vos meubles.

- Petites races
- Lapins nains
- **À l'origine,** le lapin Hermine était l'unique représentant des lapins nains. Ses poils, sa peau et ses griffes sont dépourvus de toute pigmentation. Il est donc tout blanc. Il peut avoir les yeux bleus ou rouges. Les lapins Hermine aux yeux rouges sont des albinos. Leur iris n'est pas pigmenté et les vaisseaux sanguins tapissant le fond de l'œil lui donnent cette coloration rouge. Les lapins Hermine aux yeux bleus présentent quant à eux une particularité au niveau de la pigmentation puisque seuls leurs yeux sont pigmentés.

À SAVOIR

Un pelage brillant

Le pelage du lapin satin est de la même longueur que celui du lapin à poil normal (page 13). Les mutations successives ont donné naissance à des lapins dotés de poils plus fins, ce qui leur confère une structure particulière. Il existe des lapins satins de différentes couleurs : ivoire, bleu et roux.

- **Depuis quelques années,** on élève des lapins nains dont le pelage arbore les couleurs les plus variées. On les appelle lapins nains de couleur.
- **Comme leur nom l'indique,** les lapins à poils longs ont un pelage sensiblement plus long. On distingue deux races. Chez le lapin renard, le rapport entre les barbes (partie supérieure du poil) et la bourre (partie inférieure) est semblable au lapin de garenne. Chez ce dernier, les poils sont uniquement plus longs en raison de sa plus grande taille. Le lapin angora arbore un pelage beaucoup plus long. La bourre est plus dense que la barbe. Plus doux, le pelage exige beaucoup de soins.
- **Lapin à poils ras,** le Rex présente un pelage court donnant l'impression de toucher une peluche. De nombreuses couleurs existent et de nouvelles teintes apparaissent régulièrement. La plupart du temps, leur pelage est uni.

Lapin lion

▸ Pelage : Très apprécié des amateurs, le lapin lion est souvent présent dans les animaleries. Il fait partie des lapins nains (on considère parfois qu'il appartient aux petites races). Sur quasiment tout le corps, la longueur du pelage est normale. Seules quelques parties de la tête, la nuque, une partie des épaules et la partie supérieure du thorax sont recouvertes de poils plus longs.

▸ Particularité : Cette race n'est pas reconnue en tant que race standard. En Belgique, on trouve depuis longtemps le « lapin barbu », au pelage aussi long que le lapin lion et aujourd'hui menacé d'extinction.

Lapin nain tacheté

▸ Répartition des taches : On trouve de nombreuses variantes de dessins et de formes chez tous les lapins, qu'ils aient les oreilles droites ou tombantes. Néanmoins, pour que le lapin soit reconnu comme lapin de race, ses taches doivent présenter une certaine symétrie, comme chez le Hollandais et le Papillon anglais, ou des taches irrégulières, à l'image du lapin dalmatien.

▸ Particularité : La plupart des lapins tachetés n'appartiennent pas au standard de la race. Mais, pour un propriétaire, son animal est toujours particulier.

Lapin nain bélier

▸ Signe distinctif : De nombreux lapins sont dotés d'oreilles normales et droites et d'autres ont les oreilles tombantes. Leur corps, plus long, présente un bourrelet sur le sommet du crâne, appelé couronne, qui relie les oreilles. Il existe des lapins béliers de différentes couleurs.

▸ Particularité : Ces lapins sont un peu plus gros et plus lourds que les lapins à oreilles droites ou normales. Ils sont souvent considérés comme des animaux plus calmes et plus pacifiques que leurs congénères. On peut y voir une influence de l'élevage.

Lapin nain coloré noir et feu

▸ Couleur : Ce lapin est sans doute le plus élégant des lapins nains colorés. Son pelage est brillant, noir velouté avec des zones couleur feu clairement visibles. Dans l'idéal, ces zones sont le thorax, l'abdomen, l'intérieur des pattes, le bord des yeux et des oreilles, le menton et le nez.

▸ Particularité : L'élevage de ce lapin est relativement récent. Il existe également d'autres schémas de couleurs, où le noir est remplacé par du brun (feu/havane) ou du bleu (feu/bleu), qui se rapproche d'une teinte grisâtre.

Lapin à poils normaux

▸ Pelage : Sa longueur, ainsi que le rapport barbe/bourre, sont similaires à ceux du lapin de garenne. La plupart des lapins domestiques appartiennent à cette race.

▸ Particularité : Chaque poil du lapin sauvage est composé de trois bandes de couleurs (agouti). Le pelage de nos lapins domestiques compte de nombreuses couleurs, parfois combinées. Ces lapins peuvent également être unicolores ou tachetés.

Lapin nain coloré bleu/crème

▸ Dessin : La répartition des couleurs rappelle le lapin japonais, qui présente sur tout le corps des taches noires et jaunes (pouvant aller jusqu'au roux) clairement délimitées. Le lapin nain bleu crème affiche quant à lui des couleurs un peu moins franches, dont les couleurs bleu et crème.

▸ Utilisation : L'élevage des lapins japonais est relativement récent. Le dessin du pelage ne correspond pas encore tout à fait au standard de la race.

Lapin blanc aux yeux bleus

▸ Dessin : Certaines races de lapins sont blanches. Leurs yeux sont bleus ou rouges (page 11). On trouve notamment le lapin Hermine, le géant blanc, les lapins bélier (de différentes tailles), le Rex blanc, le renard blanc et l'angora. Personne n'oubliera également le lapin sortant du chapeau du magicien...

▸ Particularité : Le lapin blanc de Vienne est une race très appréciée. Ses yeux sont toujours bleus. Ce n'est pas un parent du célèbre lapin bleu de Vienne. Les deux races sont apparues en Autriche en 1900.

Lapin nain angora

▸ Pelage : Le lapin nain angora suscite un intérêt grandissant. Son élevage donne naissance à une palette de couleurs de plus en plus étendue. Les poils sont plus courts au niveau de la tête, des oreilles (sauf leur extrémité, où l'on trouve une touffe de poils), des pattes et de la queue, plus sombres que le reste du corps.

▸ Particularité : Pendant la croissance des poils, la pigmentation éclaircit. Les vrais lapins nains angoras sont la copie conforme, en version réduite, des lapins angoras normaux, reconnaissables à leur touffe de poils au niveau des oreilles qui n'est pas très développée.

Le choix du partenaire

Afin de vivre en harmonie avec votre nouveau compagnon, vous devez tout d'abord trouver le lapin qui s'entendra bien avec ses congénères et avec vous-même. Ainsi, vous aurez toutes les cartes en main pour nouer une grande complicité avec votre petit locataire.

Vivre ensemble les rend forts

À l'origine, l'ancêtre de nos lapins domestiques, le lapin sauvage, vit en colonies. Il creuse un système de galeries souterraines, où chaque individu dispose de son propre terrier, en forme de cuvette. Aussi convient-il de respecter cette structure sociale, même pour des lapins domestiques. Ces animaux peuvent vivre entre huit et douze ans. De ce fait, comment être sûr que l'on sera en mesure de s'occuper tous les jours d'un animal seul ? Comme nous allons le voir (page 32), cette cohabitation exige beaucoup de temps et d'efforts. Tout futur propriétaire doit y réfléchir et envisager de prendre deux lapins chez lui.

Pourquoi deux lapins ?

Deux animaux se blottissent l'un contre l'autre, partagent un grand nombre d'activités et se prodiguent des soins mutuels. Il serait dommage de ne pas en profiter...

Seule la présence d'un ou de plusieurs congénères permettra à un lapin de s'épanouir pleinement, de montrer toute l'étendue de ses talents et toutes les facettes personnalité.

N'ayez pas mauvaise conscience si vous laissez vos animaux seuls pendant la journée.

Il arrive qu'une femelle élevée seule se comporte de manière agressive avec ses maîtres.

Les mâles seuls deviennent parfois paresseux ou agressifs envers leur maître.

Un couple ou un ami

Deux lapins de même sexe peuvent cohabiter au plus tard jusqu'à leur maturité sexuelle. Passé ce cap, il arrive qu'ils se battent violemment. Même la castration ne résout pas toujours le problème.

- **Parfois,** une mère et sa fille parviennent à vivre ensemble sur la durée si les petits n'ont pas été séparés de leur mère à la naissance.
- **Un couple** est la solution la mieux adaptée, mais il faut naturellement s'attendre à ce que la petite famille s'agrandisse. Le lapin est bien connu pour ses capacités de reproduction...
- **La combinaison idéale** consiste à acquérir une

Les enfants noueront une grande complicité avec les lapins si les parents leur expliquent leurs besoins et le bon comportement à adopter avec eux.

femelle et un petit mâle castré. Ainsi, vous évitez tout problème lié à la reproduction ou aux conflits.

Une question d'âge

Lorsque vous souhaitez accueillir deux jeunes lapins chez vous, ces derniers doivent être âgés d'au moins huit semaines. Les lapins plus jeunes ne doivent pas être séparés de leur mère afin d'être nourris plus longtemps et d'apprendre à se comporter. Les lapins possèdent une espérance de vie plutôt élevée, si bien qu'un débutant peut judicieusement choisir deux lapins calmes, dont le précédent propriétaire aura observé le comportement et, de ce fait, connaîtra bien leur caractère (voir encadré ci-contre).

Et les enfants ?

Le facteur « peluche » du lapin est naturellement non négligeable. Très souvent, les enfants souhaitent avoir un lapin chez eux. Cependant, cet animal n'est pas une peluche. Si quelque chose ne lui plaît pas, il n'hésitera pas à faire usage des griffes et des dents. C'est pourquoi les enfants de moins de six ans ne doivent pas s'en occuper sans surveillance. Les enfants de 10-12 ans ayant le sens des responsabilités peuvent néanmoins prendre soin de leurs protégés sous la surveillance des parents, si ces derniers leur expliquent précisément le bon comportement à adopter (page 28).

À SAVOIR

Une équipe idéale

Les refuges pour animaux abritent des lapins de tout âge, de tailles et de couleurs diverses et les petits mâles sont presque toujours castrés.
Vous y trouverez certainement deux lapins qui s'entendent bien et sont déjà apprivoisés.

Acheter un lapin nain : les facteurs à prendre en compte

L'acquisition de vos futurs pensionnaires n'est pas un acte anodin. Vous allez choisir des compagnons qui vivront avec vous pendant dix, voire douze ans. Vous devez donc vous accorder le temps de la réflexion.

Avant l'achat, vous devez impérativement observer un certain temps les lapins que vous souhaitez acquérir. Un lapin en bonne santé a un pelage lisse, brillant, qui lui « colle » au corps. Seules exceptions : les lapins à poils longs et les lapins Rex. Un lapin en forme fait des bons dans sa cage, interagit beaucoup avec son environnement et se nourrit souvent. Naturellement, il se repose de temps à autre. Souvent, il s'étire plus ou moins ou se couche sur le côté. Si un lapin se tient accroupi dans un coin, le pelage hérissé, il est fort probable qu'il soit malade. Si son précédent propriétaire ne s'est pas beaucoup occupé de lui, il sera souvent craintif.

1

▲ **Âge :** Les lapins de moins de 8 semaines ne doivent pas être proposés à la vente. Malheureusement, il arrive que l'on trouve, non pas des lapins nains de pure race, mais de jeunes lapins normaux qui, de par leur petite taille et leurs oreilles courtes, ressemblent à des lapins nains. Vous devez donc être attentifs. Faites aussi attention au cas particulier du lapin nain bélier : au départ, ses oreilles sont droites, comme celles d'un lapin normal. Ses oreilles ne retombent que plus tard. Certains lapins béliers peuvent se retrouver temporairement avec une oreille droite et l'autre tombante. Chez les animaux issus d'un croisement, cette situation peut devenir irréversible. Les refuges pour animaux abritent souvent des lapins de tout âge, des lapins de pure race et surtout des jeunes mâles castrés ou des animaux qui s'entendent bien, ce qui facilite ou évite le travail de socialisation.

2

Corps : Il peut arriver que des lapins proposés à la vente ne soient pas de vrais lapins nains, mais soient issus d'un croisement entre un lapin nain et une petite race. Les lapins nains de pure race se caractérisent par leur corps très trapu, une tête ronde et relativement grosse, ainsi qu'un nez busqué. Les grands yeux ressortent bien. Autre signe qui ne trompe pas : un vrai lapin nain possède des oreilles très courtes (page 65). Adulte, il pèse de 600 à 1500 g, la fourchette idéale étant de 1100 à 1250 g.
Les éleveurs sérieux vous proposeront de véritables lapins nains.

Santé : En aucun cas, les yeux d'un lapin ne doivent pleurer ou être collés. La modification de l'aspect des deux yeux trahit souvent la présence d'une maladie infectieuse. Vous devez également être attentif aux éternuements, à un nez qui coule ou est collé. Tout signe d'inflammation ou toute formation de croûte au niveau de l'oreille externe est le signe incontestable d'une infestation d'acariens. Vous devez pouvoir brosser le pelage doucement à rebrousse-poil. Les inflammations cutanées, la présence de croûtes ou de parasites sont des signes préoccupants.
Des poils collés à proximité de l'anus montrent que le lapin souffre de diarrhée. Un animal sale témoigne également du manque de soins de son propriétaire.

3

4

Conseil : Achetez uniquement vos futurs lapins là où ils ont bénéficié d'un hébergement respectant leur rythme biologique. Pour le savoir, jetez un coup d'œil du côté de l'enclos. Il doit être grand et comporter suffisamment d'abris. Le lapin doit toujours avoir de l'eau et du foin à disposition. L'enclos ne doit jamais sentir mauvais. S'il est bien entretenu, cela ne doit jamais se produire. Les lapins doivent être séparés par sexe et le vendeur doit pouvoir vous conseiller avec précision et compétence, sans chercher à vous vendre un lapin particulier. Vous reconnaîtrez également un service de qualité à l'aide que vous propose le vendeur.

Un tandem de choc

20 Le logement de vos protégés

22 Les accessoires

24 Partir à l’aventure

26 Devenir l’ami de son lapin

28 Les règles de vie commune

30 Comprendre les lapins nains

32 La socialisation

34 L’alimentation

36 Les aliments frais

ZOOM 38 Quelques exercices stimulants

40 Être en forme tout en s’amusant

42 L’environnement du lapin nain

Le logement de vos protégés

Les lapins sont des animaux actifs et pleins de vie. Leur hébergement est essentiel pour leur bien-être car ils passent le plus clair de leur temps dans leur cage ou leur enclos. Vos pensionnaires s'épanouiront dans un enclos suffisamment grand.

Plusieurs possibilités s'offrent à vous pour héberger vos lapins : soit placer la cage dans une pièce du logement et, dans ce cas, permettre à votre lapin de se dégourdir les pattes (page 42), soit prévoir un enclos à l'extérieur dans lequel vous aurez disposé divers accessoires.

À l'intérieur

Si vous souhaitez installer vos nouveaux pensionnaires dans une pièce de votre habitation, prévoyez une cage de 140 × 70 cm pour une hauteur d'environ 60 cm, afin que les lapins puissent faire des bonds et se redresser sans problème. Si vos lapins ne sont pas de vrais lapins nains, la cage doit être encore plus grande et encore plus haute. Dans tous les cas, plus le lapin a de la place, plus il sera en forme.

Un habitat adapté
La cage doit se composer d'un bac en plastique sur lequel est monté un grillage. Les bords du bac doivent être hauts de 15 cm au minimum afin que le lapin ne projette pas toute la litière hors de la cage lorsqu'il se met à gratter le sol.
Choisissez si possible une cage avec plusieurs grandes portes pour faciliter le nettoyage et le retrait des animaux.
Les modèles dotés d'un couvercle en plastique, même troué, sont inappropriés. L'air ne circule pas de manière optimale, ce qui favorise l'apparition des maladies.
Si vous prévoyez d'installer votre lapin dans un enclos de votre fabrication, veillez à réduire au maximum les risques de blessure en ne laissant pas dépasser de clous, de fils de fer ou d'éclats de bois.

Emplacement

Vous devez bien réfléchir à l'emplacement de la cage afin que vos compagnons restent en pleine santé.

- **La lumière du jour** est essentielle, mais la cage ne doit pas se trouver en plein soleil. Une partie de la cage doit toujours être à l'ombre. À elle seule, une petite cabane ne suffit pas à faire de l'ombre car la chaleur peut s'y accumuler au point de devenir insupportable.
- **Une température trop élevée** est également à proscrire. La cage ne doit pas se trouver à proximité d'une source de chaleur (radiateur ou four). La température idéale pour un lapin est comprise entre 10 et 20 °C.
- **L'air frais** est indispensable ! Attention cependant à ne pas exposer l'animal aux courants d'air. Un air trop sec, comme à proximité des sources de chauffage, peut irriter les voies respiratoires

de l'animal. De même, si l'air est trop humide, le lapin est beaucoup plus exposé aux rhumes. Dans l'idéal, le taux d'humidité doit être compris entre 60 et 70 %.

▸ **L'environnement immédiat** de la cage doit être calme pour ne pas perturber les animaux, qui doivent tout de même être en contact avec les occupants du logement.

À l'extérieur

Si les lapins sont bien accoutumés, ils peuvent vivre à l'extérieur, même si les températures sont négatives. L'élevage à l'extérieur est sans doute celui qui respecte le mieux leur rythme biologique.

L'enclos extérieur doit être doté d'accessoires variés qui permettront à l'animal de se divertir et de développer son comportement naturel.

À SAVOIR

Le lapin côté nature

Vos lapins peuvent vivre des expériences passionnantes à l'extérieur. **Équipez** l'enclos extérieur de tubes, de souches, de racines et de pierres naturelles pour diversifier leur environnement. **N'oubliez pas** d'y placer de nombreuses cachettes dans lesquelles les lapins s'installeront s'ils en éprouvent le besoin.

Deux lapins seront parfaitement à l'aise sur une superficie d'environ 7 m^2. La solution la plus pratique consiste à vous équiper d'un grand enclos protégé de tous les côtés (y compris dessus et dessous) à l'aide d'un grillage. Si vous souhaitez laisser vos lapins dehors toute l'année, l'enclos doit être partiellement recouvert et équipé d'un refuge doté de plusieurs compartiments, bien isolé à l'aide de copeaux et de paille. L'enclos doit toujours être placé sur de l'herbe fraîche, que les lapins pourront brouter à travers le caillebotis. Si le temps est humide, les lapins à poils longs, vieux et malades, peuvent rester à l'intérieur.

Les accessoires

Personnalisez la cage ou l'enclos de votre pensionnaire avec des accessoires qui éveilleront son intérêt et lui permettront d'apprécier son nouvel habitat.

Aménagement de l'enclos

Les accessoires que vous utiliserez ne doivent jamais être en plastique. Si les lapins les grignotent et ingèrent des morceaux, ils peuvent tomber gravement malades.

▸ **Pour la litière,** la meilleure option consiste à utiliser une couche d'au moins 5 cm de litière pour petits animaux sans poussière, disponible en animalerie. Elle absorbera les excréments de l'animal et le lapin pourra y creuser. Veillez à ne jamais utiliser de tourbe car elle peut produire beaucoup de poussière, ce qui irriterait les voies respiratoires de l'animal. Après avoir disposé la litière, placez-y une couche de paille.

▸ **Un râtelier** permet au lapin de toujours avoir du foin à disposition. Si possible, fixez-le au grillage à partir de l'extérieur ou optez pour un modèle équipé d'un couvercle.

▸ **Prévoyez un abri** par animal. Pour un lapin nain, un refuge de 30 × 40 cm suffit. Naturellement, si le lapin est plus gros, le refuge devra être plus grand. Dans l'idéal, ce dernier sera dépourvu de sol, ce qui facilitera son entretien. Contrairement à un modèle surmonté d'un toit oblique, un modèle au toit plat permet au lapin de se placer dessus et de bénéficier d'un autre point de vue.

▸ **Des éléments tels qu'une étagère en bois,** qu'on peut fixer au grillage par l'extérieur, ou un tube en liège, offrent des caches supplémentaires.

▸ **Utilisez une bouteille** pour garder l'eau de votre petit protégé au propre. Fixez-la à l'extérieur du grillage. Le nettoyage et le remplissage en seront facilités.

▸ **Concernant l'écuelle,** optez pour un modèle lourd en céramique ou en terre. Ces matériaux sont parfaitement adaptés pour proposer des

Ce lève-tard apprécie le moelleux de ce coussin. Mais il faut tout de même veiller à ce que l'animal ne le grignote pas.

aliments frais au lapin, qui ne seront pas souillés par la litière ou les excréments.

▸ **Un bac à litière** pour chats peut faire l'affaire si vos lapins ne grignotent pas le plastique. Si vous placez le bac dans le coin où les lapins vont habituellement faire leurs besoins, le nettoyage de l'enclos n'en sera que plus aisé (page 46). Pour remplir le bac, n'utilisez pas de litière pour chat qui pourrait être à l'origine de maladies. De la litière pour petits animaux, composée de copeaux de bois, conviendra. Le lapin acceptera plus facilement le bac si vous y placez quelques-unes de ses crottes.

▸ **Vous pouvez installer des racines,** des tubes en liège, des morceaux d'écorce et des branches que le lapin grignotera. Les branches de pommier, de poirier, de noisetier, de bouleau, de tilleul, de frêne et d'aulne ne sont pas dangereuses. Faites attention aux fruits à noyau qui peuvent provoquer des problèmes d'indigestion. Assurez-vous que les branches ne sont pas souillées par les excréments d'autres animaux et qu'elles ne viennent pas d'arbres sur lesquels on a vaporisé des pesticides ou se trouvant près d'une rue très fréquentée. Dans l'idéal, lavez-les à l'eau tiède.

Le refuge de l'animal doit toujours être construit en matériaux naturels, que l'animal pourra grignoter sans risque.

▸ **Les lapins apprécient la présence d'une pierre naturelle,** d'une brique ou d'un morceau d'ardoise. Ils peuvent s'en servir comme d'un perchoir ou s'y installer pour se reposer. En été, elle favorise le refroidissement de l'enclos. Du fait de la dureté du matériau, le lapin peut user ses griffes de manière naturelle.

▸ **Les lapins aiment** également se cacher et faire le guet dans de grands tubes en terre.

Le point de vue du lapin

Pour aménager l'habitat de votre lapin, tenez compte de son mode de vie originel et proposez-lui des attractions à son échelle. Ne placez pas trop d'accessoires : le lapin doit avoir la place pour se déplacer.

Partir à l'aventure

Le lapin est un animal malin et un environnement monotone l'ennuiera rapidement. Avec un peu de fantaisie, vous donnerez à votre petit pensionnaire de nombreuses occasions de se distraire, ce qui renforcera votre relation avec lui.

En plein air

En été, même le lapin qui reste habituellement dans votre logement doit pouvoir profiter de l'extérieur. Vous devez absolument faire en sorte de l'habituer progressivement aux variations de température et à l'herbe de votre jardin, car elle est très riche en protéines. La meilleure solution consiste à opter pour un enclos mobile disponible dans le commerce spécialisé ou un enclos aménagé par vos soins, composé d'un cadre en bois

Un enclos mobile est une solution pratique pour permettre à un animal casanier de profiter du plein air. Le sol est recouvert d'un grillage qui laisse passer l'herbe.

Les lapins apprécient les tunnels de toutes sortes. Ils peuvent s'y cacher et y jouer.

entouré de grillage. Dans ce cas, n'oubliez pas de le recouvrir d'un filet afin de protéger le lapin des chats et des rapaces. Bien évidemment, l'enclos ne doit pas être en plein soleil et, si la température à l'ombre dépasse 35 °C, il est préférable de rentrer le lapin. Dans tous les cas, l'animal doit toujours avoir de l'eau à disposition. Faites également en sorte qu'il ait toujours une cachette pour s'y terrer.

À SAVOIR

Une attention de tous les instants

La curiosité et l'instinct de jeu des lapins peuvent les mettre en danger. **Si vous laissez votre animal en liberté,** vous devez absolument le surveiller, car il peut facilement s'échapper. **Restez également attentif** lorsque votre petit protégé se trouve sur son terrain de jeux afin qu'il en profite pleinement.

Leur terrain de jeu

Que votre pensionnaire séjourne dans son enclos de vacances ou son enclos habituel à l'extérieur ou à l'intérieur, vous pouvez aménager un terrain de jeu qui satisfera sa curiosité et son envie d'exploration.

▸ **Les explorateurs en herbe** apprécieront particulièrement les cartons (non imprimés). Placez les cartons, percés de quelques ouvertures, côte à côte pour former un labyrinthe ou un ensemble de petites tanières. Les animaux s'y cacheront ou joueront « au chat et à la souris ». Ils prendront encore plus de plaisir si vous remplissez les cartons avec différents matériaux : du foin dans le premier carton, des feuilles sèches dans le deuxième et de petits morceaux de papier dans le troisième.

▸ **Les tunnels** ont un véritable effet magique sur les lapins. Les animaleries proposent des tunnels en tissu spécialement destinés aux lapins nains. Mais une corbeille recouverte d'une couverture ou de vieilles serviettes fera parfaitement l'affaire. Veillez bien à ce que les animaux ne grignotent pas le tissu ou que des fils ne s'attachent pas à leurs pattes.

▸ **Il en va de même pour les emplacements** que le lapin utilise pour creuser et que vous aurez par exemple comblés avec de vieux draps. Les animaux apprécieront encore plus une caisse remplie de terre.

Devenir l'ami de son lapin

L'habitat de votre protégé est fin prêt : le jour tant attendu de son arrivée approche. Pour faire connaissance avec votre animal, vous devrez procéder avec précaution.

Pour emmener le lapin dans sa nouvelle maison, placez-le dans une boîte de transport stable. La boîte devra être aussi grande que celle utilisée pour un chat et dotée d'une ouverture au sommet. Au préalable, placez-y de la litière et beaucoup de foin pour en faire un nid accueillant. Si vous devez faire un long trajet, vous pouvez proposer à votre animal un aliment riche en eau, comme du concombre, mais cela n'est pas nécessaire sur de courtes distances. Pendant le voyage, assurez-vous que le lapin n'est pas exposé à la chaleur, au froid, à l'humidité ou aux courants d'air. De même, faites en sorte d'emprunter l'itinéraire le plus court.

Du calme avant tout

Une fois arrivé à destination, placez la boîte de transport dans l'enclos et laissez le

La présence de lapins déjà familiarisés permet à un nouvel arrivant de se sentir en sécurité dans un environnement inconnu. Adoptez si possible deux animaux qui se connaissent déjà.

Pour une meilleure prise de contact, donnez de la compote de pommes non sucrée à l'animal, mais en très petite quantité.

lapin décider lui-même du moment de ses premiers pas dans sa nouvelle maison. Ensuite, il faut le laisser seul un certain temps. Au départ, il se mettra probablement dans un coin. Lorsqu'il sentira qu'il n'est pas observé, il explorera son enclos. Même si cela peut être difficile, pour vos enfants et vous-mêmes, vous ne devez pas essayer de le prendre, sous peine de l'effrayer et de compliquer son acclimatation.

Les premiers jours

Les premiers temps, limitez vos interventions dans la cage au strict nécessaire : nourrissez votre lapin, donnez-lui de l'eau, retirez les grosses traces de saleté et les restes d'aliments. Rapprochez-vous lentement et discrètement de la cage. En règle générale, évitez d'être bruyant pour ne pas effrayer votre nouveau pensionnaire. Dès que vous vous trouvez à proximité de la cage, évitez de parler fort. Lorsque le lapin se sera familiarisé avec sa cage et ne sera pas effrayé, vous pouvez vous accroupir devant la cage et lui parler gentiment. Ensuite, ouvrez la cage, puis entrez votre main. Laissez le lapin la renifler afin qu'il se familiarise à votre odeur. On estime que l'animal s'est habitué lorsqu'il ne va plus, par crainte, se terrer dans un coin lorsqu'on s'approche de la cage, mais qu'il se montre intéressé, allant même jusqu'à s'appuyer contre le grillage.

À SAVOIR

Une affaire de caractère

Certains lapins sont timides et ont besoin de davantage de temps pour s'habituer à votre présence.
Gagner la confiance de ces animaux timides est un défi !

Les règles de vie commune

Lorsque vous avez fait connaissance avec votre nouveau pensionnaire, c'est à vous qu'il incombe de poursuivre votre relation sur de bonnes bases. Si vous respectez quelques règles, vous vivrez de nombreux moments agréables avec votre lapin.

Pour porter un lapin, soutenez toujours son arrière-train. Pour plus de sécurité, empoignez avec l'autre main l'animal au niveau du cou.

Comment manipuler les lapins

Les lapins n'apprécient pas particulièrement d'être tenus en l'air. Dans une telle situation, ils ne sentent pas du tout rassurés. Lorsque vous souhaitez prendre un lapin, parlez-lui tout doucement, essayez de le caresser et amenez-le prudemment dans un coin de la cage avant de le saisir. Avec une main, attrapez la peau souple du cou, puis, le plus rapidement possible, soutenez son arrière-train, et placez doucement et prudemment l'animal contre votre poitrine. Vous devez également veiller à maintenir autant que possible ses pattes arrière. Ayez toujours en tête que les lapins, souvent très craintifs au départ, peuvent sauter, ce qui peut avoir de graves conséquences, car leur colonne vertébrale et leurs pattes arrière sont particulièrement fragiles. En cas de chute, l'animal pourrait être paralysé ou souffrir de graves fractures. C'est pourquoi il est essentiel de saisir le lapin en alliant fermeté (afin qu'il ne saute pas sur le sol) et douceur pour ne pas lui faire mal ou éventuellement le meurtrir. Lorsque vous l'avez bien attrapé, le lapin ne doit pas pouvoir se débattre ou vous griffer.

Guide des bonnes manières

Étant dans la nature des proies, les lapins se tiennent toujours sur leurs gardes en cas d'attaque d'un éventuel prédateur. C'est pourquoi vous devez agir avec précaution avec votre nouveau compagnon afin de ne pas l'effrayer.

▸ **S'il perçoit des mouvements au-dessus de sa tête,** le lapin va immanquablement penser à un prédateur ou à un rapace. Aussi n'attrapez jamais brusquement l'animal en passant par-dessus. Pensez à vous accroupir.

▸ **Annoncez votre présence** lorsque vous vous rapprochez de l'enclos ou de la cage. Pour ce faire, parlez gentiment à votre petit compagnon.

▸ **Les lapins n'aiment pas être portés.** Soulevez et prenez-les si vous avez un motif valable. Veillez également à ce que vos enfants ne les portent pas avec rudesse. Les lapins ne sont pas des peluches, ils pourraient tomber, se blesser gravement ou griffer vos enfants avec violence.

▸ **Les enfants peuvent caresser et tenir l'animal uniquement s'ils sont assis par terre.** Un animal remuant peut se sauver sans danger et sauter lorsqu'il en a assez. Expliquez bien aux enfants qu'ils ne doivent pas serrer l'animal trop fort.

▸ **Attention aux supports lisses,** comme une table, un plan de travail ou même la table de la cuisine. Les lapins ne doivent pas être posés sans être soutenus et maintenus au niveau du cou. Dans le cas contraire, ils pourraient sauter et se blesser.

Dans cette position, la plupart des lapins se laisseront mettre dans une boîte de transport. Maintenez bien les pattes arrière.

À SAVOIR

Entretenir de bonnes relations

De petits cadeaux entretiennent l'amitié. Régulièrement, vous pouvez donner à vos lapins de petites friandises à la main. Vous instaurerez ainsi une relation de confiance et renforcerez le lien qui vous unit aux animaux.

Donner une bouchée en guise de récompense est plus efficace lorsque l'animal n'est pas rassasié. Il est donc recommandé de ne pas jouer tout de suite après le repas de l'animal et, avant de lui donner quartier libre, de ne lui donner qu'une légère collation. Ainsi, il retournera plus volontiers dans sa cage.

Comprendre les lapins nains

Si vous vous occupez de vos lapins avec attention, vous apprendrez à interpréter leur comportement. Les paragraphes suivants vont donneront des indications essentielles pour parvenir à décrypter l'attitude de vos petits compagnons.

Le langage du corps

Les lapins possèdent tout un éventail d'attitudes et d'expressions différentes. Ce comportement varié est typique des animaux vivant en liberté avec leurs congénères.

▸ **« Je suis là » :** Le lapin vous pousse légèrement avec son nez. Cela signifie qu'il souhaite attirer votre attention ou qu'il est prêt à jouer. Si l'animal vous aime beaucoup, il léchera peut-être votre main, car la peau a un goût légèrement salé.

▸ **Détendu :** Le lapin est sur le foin, les pattes arrière éloignées du corps. Un animal qui se roule dans sa litière se sent particulièrement bien.

▸ **Attention :** Un lapin curieux s'assoit sur ses pattes arrière pour avoir une bonne vue d'ensemble de son environnement. Cette attitude montre également que le lapin souhaite avoir quelque chose.

▸ **Soif d'aventure :** L'animal bondit avec entrain dans la pièce ou son enclos, change brutalement de direction ou secoue la tête.

▸ **Mon ami :** À l'image du chat qui laisse son odeur, les lapins libèrent une substance odorante à l'aide d'une glande mentonnière. Si un lapin frotte son menton contre vous, cela signifie qu'il veut vous « donner » l'odeur du groupe.

Peut-on éduquer un lapin ?

On ne peut pas éduquer un lapin de la même manière qu'un chien. Toutefois, c'est un animal intelligent et vous pourrez lui apprendre quelques tours avec de la patience, des compliments et de nombreuses friandises.

▸ **Dans une maison,** la plupart des lapins sont propres car ils recherchent très souvent un endroit pour y faire leurs besoins. Ils s'habitueront à un bac à litière tel qu'on en trouve pour les chats (page 22). La meilleure

Faites preuve de considération

Si le lapin repousse votre main ou s'il cogne la tête contre votre main, il souhaite qu'on le laisse tranquille.

Un animal frappant le sol de ses pattes arrière montre sa mauvaise humeur ou sent un danger. Parlez-lui doucement. Les femelles en chaleur adoptent souvent ce comportement.

Le corps tendu, la queue pointée vers le ciel ou les oreilles rabattues sont signes que le lapin est énervé ou qu'il est prêt à se défendre. Laissez-le tranquille.

Un animal plaqué au sol affiche sa soumission. En cas de danger, il peut même faire le mort, dans l'espoir de tromper son « adversaire ».

Lorsqu'ils sont en liberté, les lapins bien apprivoisés recherchent volontiers le contact. Certains vous suivront même pas à pas.

solution consiste à l'installer dans la cage, à l'endroit où le lapin fait ses besoins. Si vous utilisez un bac à litière et, après un certain temps, en placez un autre dans un coin de la pièce lorsque le lapin est hors de sa cage, l'animal acceptera généralement cet autre bac sans difficulté. Lorsqu'ils sont partis en vadrouille, de nombreux lapins cherchent leur cage lorsqu'ils doivent faire leurs besoins. Si le lapin n'a pas rejoint sa cage à temps, nettoyez immédiatement les traces de son passage. Lorsque le lapin est lâché dans une pièce, il est possible qu'il recherche un autre endroit pour y faire ses besoins. Vous devez alors poser le bac à litière dans lequel vous aurez, au préalable, placé des crottes en quantité suffisante. Pendant les premiers jours de l'acclimatation de vos petits protégés, il est toujours opportun de laisser les excréments avec de l'urine dans le bac à litière.

À SAVOIR

Ce qui est normal

Même les lapins nains savent exactement ce qu'ils veulent. S'ils souhaitent une friandise, les lapins peuvent être très pressants et se mettre à mendier. **Ne leur donnez rien de plus** au risque de semer la confusion. **Ne soyez pas surpris si les lapins mangent leurs crottes,** c'est parfaitement normal. **Ces crottes, appelées cæcotrophes,** contiennent des vitamines, les éléments constitutifs des protéines, des oligoéléments et des minéraux dont l'animal a besoin.

La socialisation

L'élevage de lapins en groupes est un mode de vie qui respecte leur rythme biologique, même si un animal est destiné à vivre seul la majeure partie du temps et profiter de la compagnie de son maître une heure par jour, par exemple. Cependant, l'association de plusieurs animaux ne se déroule pas toujours sans anicroche. Il s'agit surtout de trouver la bonne combinaison. Vous devez faire preuve de patience si vous souhaitez socialiser votre lapin avec ses congénères.

Le bon partenaire

La socialisation d'un lapin adulte s'avérer très difficile. Si vous avez des doutes, n'hésitez pas à demander conseil auprès de spécialistes ou d'éleveurs expérimentés. Pourtant, il est possible de trouver soi-même le futur partenaire de votre lapin.

Un lapin et un chien peuvent très bien s'entendre. Mais ne les laissez jamais seuls sans surveillance.

- **Plus les animaux sont jeunes,** plus la socialisation est aisée. Cela est particulièrement vrai avant que les lapins atteignent leur maturité sexuelle.
- **Vous pouvez alors tenter les combinaisons suivantes :** trois lapins ou un couple, dont le mâle est castré.
- **Les femelles peuvent causer quelques tracas.** Si vous souhaitez socialiser une femelle avec un mâle, ce dernier ne doit pas être trop jeune et inexpérimenté. Choisissez un mâle du même âge ou plus vieux.
- **Les conflits territoriaux** sont le principal motif de dispute. Les animaux doivent donc faire connaissance en terrain neutre. Ce dernier, que vous aurez préalablement fermé, devra présenter une multitude de cachettes, avec de nombreuses issues pour s'échapper. Pour occuper les animaux, prenez le soin de disperser un peu de nourriture.
- **Frottez les animaux avec la litière** utilisée par leurs congénères afin qu'ils acceptent leur odeur.

Pendant la socialisation, demandez l'assistance d'un autre membre de la famille afin de pouvoir saisir deux lapins en même temps en cas de conflit violent. Dans cette perspective, ayez toujours des gants épais à portée de main.

Si les lapins s'entendent bien, vous pouvez les laisser se déplacer dans la pièce. S'ils affichent une bonne entente pendant une journée, vous pouvez les installer dans leur cage (voir encadré). Prenez ensuite le temps de les observer.

La socialisation peut durer plusieurs semaines. Si les animaux ne s'entendent pas du tout, faites une nouvelle tentative avec un autre animal.

Faire connaissance avec d'autres animaux

Dans les animaleries, le seul animal qui s'entend avec le lapin est le cochon d'Inde. On remarque parfois que les mâles non castrés et les femelles dominantes essayent de s'accoupler avec des cochons d'Inde. Ils peuvent même tenter de les mordre, provoquant parfois de graves blessures. La vie en communauté avec ces animaux doit donc cesser. Si vous élevez des lapins avec des cochons d'Inde, prévoyez un vaste enclos avec de nombreuses cachettes. De petits refuges dotés d'un toit plat seront également appréciés par les deux espèces. Ils pourront s'y installer et profiter du point de vue. L'inconvénient est que les excréments restent sur place et que l'enclos est plus souillé.

Les chiens bien éduqués peuvent parfois vivre avec des lapins. Cependant, ne les laissez pas sans surveillance. Il en est de même pour les chats.

De grands perroquets en liberté peuvent également blesser gravement les lapins.

> **À SAVOIR**
>
> **Vivre en communauté**
>
> **Avant l'installation des lapins,** nettoyez soigneusement la cage avec de l'eau vinaigrée.
> **Réaménagez-la** et placez-y de nouveaux abris et quelques tuyaux.
> **Le nouveau lapin** doit entrer en premier.
> Si les animaux se battent, recommencez la socialisation depuis le début.

L'alimentation

Le lapin de garenne se nourrit exclusivement de végétaux. Les graminées et les herbes figurent en tête de liste ; en hiver, le lapin mange des herbes sèches. Il consomme beaucoup moins de betteraves, de carottes, de pommes, de poires ou d'autres produits similaires. Les lapins rongent volontiers l'écorce des arbres, les branches fines dont ils mangent les feuilles.

Au printemps, il est impératif d'habituer progressivement les lapins à l'herbe fraîche.

Principes de base

En matière d'alimentation, vous devez absolument tenir compte de ce principe : les lapins doivent recevoir une alimentation riche en fibres et pauvres en substances nutritives. Ils doivent manger à intervalles rapprochés pendant une grande partie de la journée et de la nuit. Pour éviter tout problème de digestion, **il faut toujours qu'ils aient du foin à disposition**. Cependant, si vous leur donnez de l'herbe du jardin, laissez-la sécher au préalable pendant au moins six semaines.

▸ Le foin, les graminées et les herbes fraîchement coupées doivent être dans un râtelier, dans lequel le lapin ne pourra pas sauter. Ainsi, il ne salira pas son contenu avec ses excréments et son urine. Un râtelier doté d'un couvercle en bois rabattable est une bonne solution.

▸ Les aliments prêts à l'emploi, très énergétiques ou sous forme concentrée, sont la plupart du temps proposés dans de jolis emballages. Ces aliments, si tant est qu'ils soient nécessaires, doivent uniquement constituer une petite partie de leur alimentation. Les aliments frais sont préférables (page 36). Quel que soit le type d'aliments énergétiques, veillez à en donner **au maximum 10 g par jour et par kilogramme de poids corporel**. L'avoine est ici l'aliment le mieux adapté. Suivez le même principe pour les aliments énergétiques prêts à l'emploi disponibles dans le commerce, composés de graines de tournesol, de graines de lin, de raisins secs, de noix, etc., car, dans la nature, le lapin de garenne tombe rarement sur ce type d'aliments. Du pain rassis, blanc ou noir, évidemment sans moisissures, et plus particulièrement des biscottes ou du pain suédois, peuvent aussi convenir. En résumé : pas plus de 10 g d'aliments énergétiques par kilo de poids corporel ! Ces aliments doivent être distribués exceptionnellement.

L'eau

Plus vous donnez d'aliments secs à votre lapin, plus ses besoins en eau sont élevés.

Dans l'idéal, proposez de l'eau fraîche, renouvelée chaque jour, dans un abreuvoir.

La digestion

Le lapin doit impérativement manger régulièrement ses cæcotrophes. Ce comportement est vital pour sa survie. C'est surtout pendant la nuit que le lapin produit ce type d'excrément, qui ne ressemble pas du tout aux petites crottes noires ou brunes, relativement compactes. Les cæcotrophes sont plus molles, plus claires et luisantes. Elles renferment une grande quantité de bactéries essentielles à la vie : elles jouent un rôle prépondérant en permettant de produire une grande quantité de vitamines, notamment celles du groupe B. Ainsi, ces crottes couvrent une grande partie des besoins du lapin en vitamines B. Les protéines que renferment ces nombreuses bactéries constituent également un élément indispensable de son alimentation. Si la production des cæcotrophes est perturbée de quelque manière que ce soit, l'animal peut tomber gravement malade.

▸ **L'estomac des lapins** possède une paroi relativement fine.

Le foin, ainsi que d'autres herbes comme le pissenlit, constituent les principaux aliments des lapins.

En cas de surcharge consécutive à l'assimilation d'une grande quantité de nourriture en peu de temps, l'estomac peut être gravement atteint. L'intestin se caractérise quant à lui par l'absence de péristaltisme, c'est-à-dire qu'il est incapable de faire avancer son contenu à l'aide de contractions musculaires. L'animal digère uniquement s'il mange quasiment en permanence. Dans cette optique, l'aliment de base est le foin, qui permet aussi à l'animal d'user suffisamment ses dents qui poussent pendant toute sa vie.

À faire et à éviter

Lorsque vous accueillez le lapin chez vous, donnez-lui la nourriture à laquelle il est habitué et modifiez-la lentement et progressivement. Procédez toujours par étapes pour intégrer un nouvel aliment frais qu'il n'a pas l'habitude de manger. Les friandises et autres bâtonnets à grignoter vendus en animaleries sont le plus souvent inappropriés, car ils sont trop riches et contiennent des substances indigestes (céréales, amandes, sucre ou mélasse).

Les aliments frais

Les aliments frais sont indispensables à la bonne forme du lapin.

Crudités

En été, proposez toujours une quantité suffisante de fourrage vert à votre lapin : graminées, plantes herbacées, et particulièrement le pissenlit, le plantain majeur, le plantain lancéolé, l'achillée, la berce et le mouron des oiseaux.
Attention à la luzerne et aux trèfles rouge et blanc, que vous ne devez donner qu'en très petites quantités avant leur floraison. Évitez le mélilot car il est très riche en coumarine, qui peut affecter la coagulation sanguine.

▸ **Au début du printemps,** vous pouvez commencer à donner progressivement de la verdure au lapin afin que son système digestif s'habitue lentement à sa teneur élevée en protéines. Pour ce faire, commencez par mélanger un peu de fourrage vert avec du foin. Le lapin essaiera sûrement de manger les petites tiges et les feuilles en premier, mais il n'en mangera pas beaucoup. Vous pouvez donner aux lapins de la verdure mouillée, par la pluie ou la rosée, sans problème. Si elle ne vous paraît pas suffisamment propre, lavez-la.

▸ **Jusqu'en hiver,** le mouron des oiseaux est frais. Apprécié des lapins, il ne supporte pas les températures négatives.

▸ **En hiver,** mais aussi en été, si la verdure vient à manquer, vous pouvez la remplacer par différentes salades (salade verte, chicorée, laitue à couper). Veillez à ne pas donner trop de salade sous peine de provoquer une diarrhée.

À table !
Ne ramassez pas les herbes et les branches à proximité de voies de circulation très fréquentées car elles contiennent beaucoup de substances toxiques. Assurez-vous que les végétaux ne sont pas souillés par les déjections canines et félines.
Ne donnez jamais d'aliment directement sorti du réfrigérateur. Les animaux digéreraient plus difficilement.
Assurez-vous de la qualité des aliments frais (qui doit correspondre à celle de l'alimentation humaine).
Si vous achetez des végétaux, choisissez si possible des aliments « bio », vierges de toute substance toxique.
Préparez les aliments comme vous le feriez pour vous-même : lavés et, le cas échéant, épluchés.

Choux

Les lapins apprécient différentes variétés de choux (chou-fleur, chou-rave, chou de Bruxelles, chou vert). Ils mangent volontiers la tête, la tige et les feuilles.
En revanche, ne donnez que de faibles quantités de chou blanc pommé comme le chou de Milan car ils provoquent de forts ballonnements.

Carottes et Cie

Les carottes sont particulièrement appréciées des lapins, y compris les feuilles

Le pissenlit fait partie des aliments favoris du lapin. Son goût légèrement amer ne le gêne absolument pas.

(fanes). Il en est de même pour les betteraves fourragères et les betteraves rouges. De par leur teneur en sucre, les betteraves sucrières doivent être proposées en quantités plus faibles afin que le lapin ne grossisse pas trop ou ne souffre pas de problèmes digestifs.
Les animaux mangent volontiers les jeunes plants de maïs et les épis de maïs (avec leurs feuilles). Mais, en raison de leur teneur en amidon, vous ne devez en donner que de petites quantités. Le fenouil, les concombres, les poivrons, les tomates et les courgettes sont également bons pour leur santé.

Fruits

Deux à trois fois par semaine, vous pouvez offrir ces friandises à vos lapins. Un peu de poire, de banane, de kiwi, de melon ou de raisin fera l'affaire. Chaque jour, vous pouvez même leur donner de la pomme.
Vous devrez néanmoins éviter les fruits à noyau (cerises, prunes, etc.).
La plupart des lapins aiment ronger les branches, mais d'autres doivent d'abord s'y habituer. L'écorce et les feuilles renferment de précieuses protéines et vitamines, des sels minéraux et des oligoéléments. Le tilleul, le bouleau, le frêne, le pommier, le poirier, le saule et le noisetier sont de bons choix.

À SAVOIR
Un lapin en pleine forme

Les aliments frais ne doivent pas systématiquement être servis dans une écuelle.
Dispersez-les dans les refuges, sur les étagères ou cachez-les dans un support adapté disponible en animalerie. Cela divertira votre lapin.

Quelques exercices stimulants

Les lapins sauvages consacrent plusieurs heures par jour, le plus souvent la nuit ou au crépuscule, à la recherche de nourriture. Pour rester en forme, votre petit protégé a également besoin de cette activité propre à son rythme biologique.

1

◂ **Les lapins** sont très intelligents et se laissent volontiers distraire en jouant. Si vous agitez une récompense devant un lapin dégourdi, même un animal timide se laissera tenter par un petit parcours d'obstacles. Commencez par un obstacle facile à franchir. Pour motiver le futur petit sportif, appâtez-le par exemple avec un morceau de carotte ou un petit bout de pomme.

▸ **Soyez patient** c'est essentiel pour persuader le lapin de franchir l'obstacle. Dès le départ, certains lapins manifestent un certain engouement. Complimentez votre lapin et entraînez-le à franchir l'obstacle, étape après étape. Chaque fois qu'il progresse, donnez-lui une récompense et encouragez-le. Si le lapin a compris de quoi il retourne, vous pouvez lui proposer un parcours complet. Mais ne soyez pas déçu s'il n'y prend pas plaisir.

2

▸ **Une balle** contenant de la nourriture est, pour beaucoup de lapins, un objet passionnant. Ces balles, disponibles dans les animaleries, présentent une ouverture, permettant d'y glisser des friandises. Le lapin doit faire rouler la balle sur le sol afin de faire tomber la bouchée tant convoitée par l'ouverture. Lorsque vous confiez la balle à votre pensionnaire, vous devez d'abord lui montrer plusieurs fois le principe de fonctionnement. Les animaux particulièrement futés comprendront rapidement ce principe, apprécieront ce jeu et feront preuve d'habileté.

3

4

◂ **L'intelligence** est également nécessaire pour venir à bout de l'exercice qui consiste à placer des friandises au centre d'un rouleau de papier toilette et à boucher les extrémités avec du foin ou du papier toilette (non imprimé). Assurez-vous que le rouleau ne présente aucune trace de colle. Les lapins peuvent alors sortir ou grignoter le foin ou le papier toilette. Vous pouvez aussi mettre de la nourriture dans un carton rempli de foin, de feuilles sèches (par ex. de bouleau) ou de petits morceaux de papier blanc. Cela occupe les lapins pendant un certain temps, jusqu'à ce qu'ils trouvent la nourriture dans la boîte.

Être en forme tout en s'amusant

Distraire ses lapins et jouer avec eux les empêche de s'ennuyer, mais permet aussi de passer du temps avec eux et de mieux le connaître. En effet, c'est pendant le jeu qu'ils se montrent sous leur meilleur jour.

Trucs et astuces

Un lapin est autonome et possède un caractère particulier, si bien que vous ne pouvez pas le dresser comme un chien. Un lapin sait exactement ce qu'il veut. Cependant, avec de la patience, des compliments et des friandises pour le motiver, vous pourrez apprendre beaucoup de choses à vos protégés. Toutefois, vous devez toujours tenir compte du caractère de chaque animal. Certains manifesteront de l'entrain, d'autres préféreront grignoter dans leur coin. Ne faites pas trop durer la séance : deux à quatre exercices par jour, de cinq minutes chacun, sont suffisants et évitent de solliciter excessivement l'animal. Si le lapin n'est pas coopératif, ne le forcez pas. Au contraire, soyez encore plus patient ou proposez-lui un autre jeu. D'autres jeux que ceux présentés ci-après lui plairont aussi sûrement.

Laissez la magie aux professionnels. On peut douter que les lapins apprécient ce genre de tours.

- **Entraînez-le à reconnaître son nom** en lui offrant une friandise. S'il vient vers vous, dites son nom, complimentez-le et récompensez-le.
- **Faire le beau** est une facette naturelle du comportement du lapin. Pour lui apprendre plus facilement ce tour, tenez une friandise au-dessus de l'animal. Lorsqu'il se redresse, prononcez le « mot magique » (« debout » par exemple), complimentez-le, puis donnez-lui la friandise.

À SAVOIR

De véritables petits boute-en-train

S'il vous arrive de ne pas avoir le temps de jouer avec vos lapins, ces derniers peuvent très bien se divertir seuls. **Les lapins s'amuseront beaucoup** avec, par exemple, un grand sac en papier rempli de foin et de friandises bonnes pour la santé. **Pour divertir votre lapin,** vous pouvez également lui proposer un petit sac en papier vide, tel qu'un sac emballant les viennoiseries. Ils apprécient le bruit du papier et les quelques miettes qui s'y trouvent.

Le saut d'obstacles pour lapins est né en Grande-Bretagne. Ce sport d'équipe exigeant compte de nombreux fans.

Le parcours d'obstacles

C'est le dernier sport en vogue pour les lapins. Comme pour les parcours faisant intervenir des chiens, le lapin, guidé par son maître, franchit divers obstacles. Par exemple, il saute des barrières ou traverse des tunnels. Il s'agit d'une activité très gratifiante si le lapin y prend plaisir et ne subit aucune contrainte. Ce sport peut s'avérer dangereux si le lapin est tenu en laisse (des animaux ont déjà été gravement blessés). Sans laisse, le lapin y prend beaucoup de plaisir, tout comme son maître.

L'environnement du lapin nain

Afin que les lapins élevés en cage restent en pleine forme, vous devez les laisser sortir deux heures par jour. Cette activité a naturellement un effet positif sur leur santé. Plus ils se dégourdissent les pattes, mieux ce sera. Vous serez étonné de voir à quel point vos petits compagnons apprécient cette liberté. Certains lapins deviennent même affectueux et vous suivent pas à pas.

Soyez vigilants

Les lapins aiment bien ronger, et les meubles de valeur ne les arrêtent pas. Comme ils sont doués pour le saut, ils chercheront des places de choix sur les fauteuils, les canapés et les meubles à leur portée.

▸ **Même les lapins propres** marquent leur territoire. Pour ce faire, ils frottent généralement leur menton sur divers objets. Ce marquage est pour nous imperceptible, mais un autre lapin, surtout s'il s'agit d'un mâle, peut être incité à uriner.

▸ **Les animaux qui séjournent à l'intérieur** et sortent sur le balcon ou dans un jardin d'hiver, mangeront les plantes à leur portée et mettront beaucoup d'entrain à gratter la terre des pots.

Une surveillance de tous les instants

Les lapins sont curieux, ce qui peut les amener à faire des bêtises. C'est pourquoi vous devez les surveiller pendant leurs pérégrinations pour intervenir rapidement en cas d'urgence. Cette surveillance doit s'effectuer à une distance convenable afin que les animaux n'aient pas l'impression d'être observés, soient détendus et que leurs excursions se déroulent sans anicroche. Toute réaction de l'observateur qui pourrait effrayer l'animal est à proscrire. Autrement dit, assurez-vous d'avoir suffisamment de temps avant de commencer à agir. Malgré cela, faites en sorte de limiter au maximum les risques. Au départ, les lapins doivent uniquement quitter leur cage sous votre surveillance. Si possible, ils doivent y

Éviter les dangers
La peinture des meubles et d'autres objets peut empoisonner l'animal s'ils la rongent. Dans le doute, maintenez le lapin à distance.
Certaines plantes sont toxiques. C'est le cas de la digitale, du muguet, du lierre, du philodendron et du poinsettia (page 60).
Faites attention à ne pas marcher sur un lapin par inadvertance. En outre, les autres animaux domestiques doivent rester dans une autre pièce lorsque les lapins sont de sortie (page 32).
Les câbles et fils électriques doivent être dissimulés afin que le lapin ne les grignote pas.
Les lapins peuvent se cacher dans les fentes et les tiroirs et s'y retrouver coincés.

Lorsque le lapin est en liberté chez vous, veillez à ce qu'il ne grignote rien. Les tapis, par exemple, peuvent contenir des substances toxiques.

retourner d'eux-mêmes, au moins au début et, par conséquent, être nourris uniquement après leur excursion. Il n'est pas judicieux de les pourchasser. Plus tard, ils rentreront seuls dans leur cage lorsque vous les appellerez, et surtout si vous leur présentez une friandise, là encore en évitant de les effrayer. Vous pouvez aussi prendre l'animal et le rentrer dans sa cage après lui avoir parlé doucement et l'avoir caressé. Si vous souhaitez laisser l'animal aller à sa guise dans votre logement, laissez-le s'habituer à sa cage pendant quelques semaines. Au cours de cette période, la cage sera posée à même le sol et devra comporter une ouverture non seulement à son sommet, mais également à l'avant ou sur le côté.

En cas de voyage à l'étranger...

Si vous voyagez dans un autre pays de la Communauté européenne, munissez-vous d'un certificat vétérinaire de vaccination. Le vaccin devra avoir été fait au maximum un an auparavant. En cas de voyage hors de la Communauté européenne, demandez à votre vétérinaire. Si vous devez prendre l'avion, le lapin, même placé dans une boîte de transport, ne pourra généralement pas être avec vous dans la cabine passagers en raison du risque de grignotage des câbles. Renseignez-vous auprès de la compagnie aérienne.

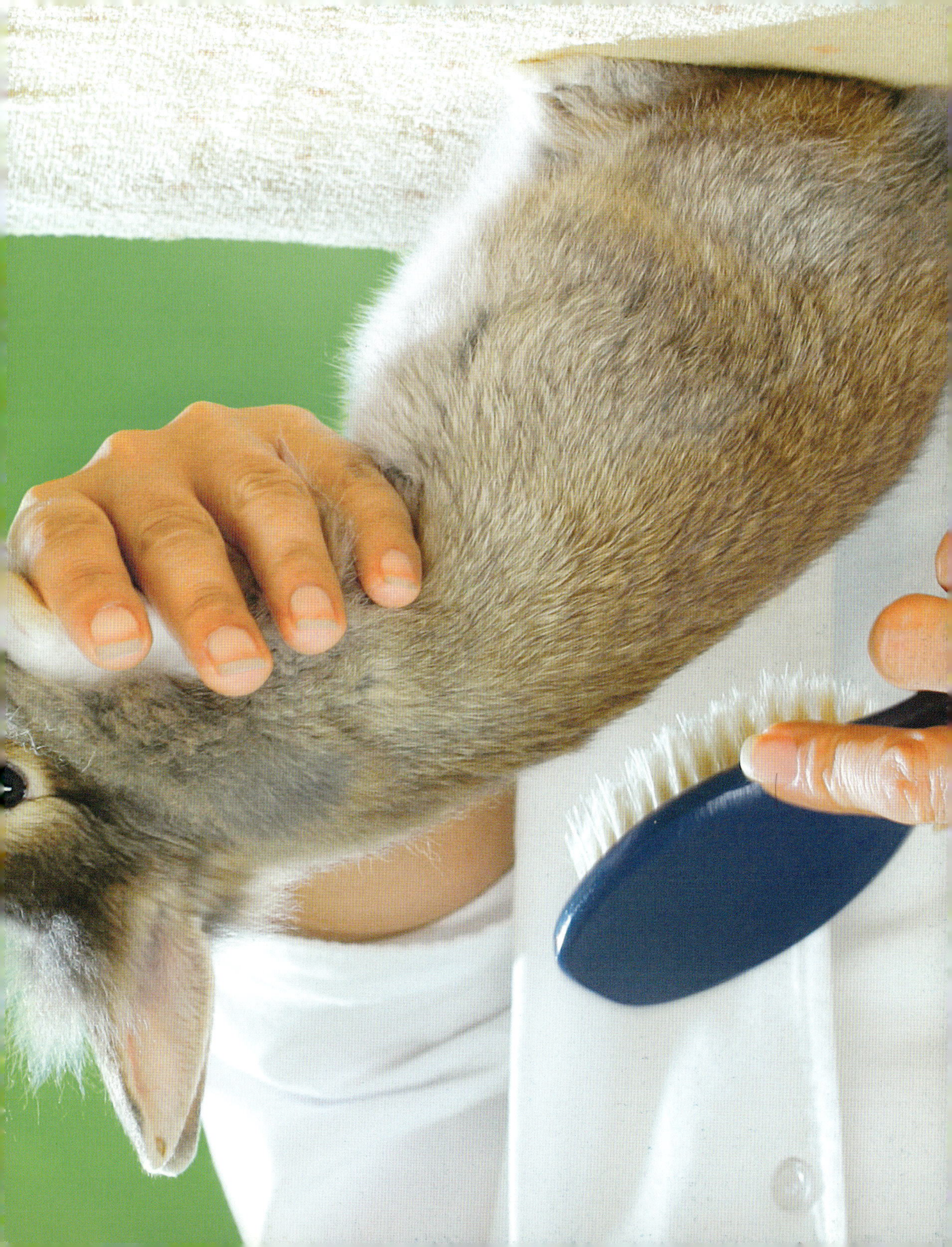

Des soins et de l'affection

46 Le nettoyage

48 Les soins préventifs

50 Reconnaître une maladie

52 Les maladies

54 Ce que vous pouvez faire

56 Reproduction

ZOOM 58 L'éducation des lapereaux

Le nettoyage

Les lapins sont des animaux très propres qui passent chaque jour beaucoup de temps à prendre soin de leur pelage. Seuls les lapins à poils longs auront besoin de votre aide. Vous devrez néanmoins veiller à ce que leur cage soit toujours propre pour empêcher l'apparition des maladies et des mauvaises odeurs.

Seul le grand soin qu'ils apportent à leur pelage permet aux lapins de réguler efficacement la chaleur.

Soins du pelage

Les lapins qui séjournent constamment dans un logement relativement chaud ont tendance à voir leur mue se prolonger. Dans ce cas, vous pouvez aider l'animal en le brossant à l'aide d'une brosse souple. S'il s'agit d'un lapin à poils longs, vous devez impérativement l'aider à prendre soin de son pelage en le peignant et en le brossant régulièrement. Vous devez faire particulièrement attention aux parties inférieures du corps, notamment aux pattes arrière, sur lesquelles peuvent se former des nœuds présentant une texture similaire à celle du feutre. Si vous ne vous parvenez pas à les démêler avec précaution, coupez-les. Le pelage des lapins angoras est le plus difficile à entretenir. Vous devez le peigner et le brosser chaque jour.

Si vous le placez à l'endroit où il fait ses besoins, un lapin adoptera sans grande difficulté un bac pour chat, garni de litière pour petits animaux.

En outre, vous devez le tondre quatre fois par an, chaque tonte étant espacée d'environ trois mois. Assurez-vous de laisser environ un centimètre de poil sur tout le corps afin de ne pas provoquer une hypothermie.

Nettoyage de la cage

Pour nettoyer la cage, n'utilisez pas de produit corrosif, mais de l'eau chaude et éventuellement un nettoyant au vinaigre si la cage est très sale. Dans ce cas, rincez abondamment à l'eau. Avant de replacer les accessoires, assurez-vous qu'ils sont tous secs. Pendant le nettoyage, vous pouvez laisser les animaux se promener à leur guise.

▸ **Ce qu'il faut faire.** Chaque jour, nettoyez le coin où le lapin fait ses besoins (ou son bac à litière), les écuelles et l'abreuvoir. Chaque jour, enlevez les restes de nourriture de la veille. Une à deux fois par semaine, nettoyez la cage à fond et les accessoires si nécessaire. La désinfection de la cage n'est nécessaire que si votre vétérinaire le conseille, notamment en cas de maladie.

À SAVOIR

Et les vacances ?

Pendant les vacances, votre lapin peut rester chez vous. Vous ne devez pas l'emmener avec vous, car un voyage est très stressant. **Prenez vos dispositions** suffisamment à l'avance pour trouver une personne qui s'occupera de votre lapin à votre domicile ou qui l'accueillera chez elle en votre absence. **Montrez à votre « remplaçant »** les soins de manière détaillée et laissez-lui le numéro de téléphone du vétérinaire et l'adresse de votre lieu de vacances.

Les soins préventifs

Si vous adoptez une attitude responsable en matière d'élevage et d'alimentation, les maladies resteront exceptionnelles. Au moins une fois par semaine, vous devez, à titre préventif, passer vos animaux à la loupe pour détecter, le cas échéant, les premiers signes de maladie et réagir rapidement.

Soins des griffes

Il peut arriver que les griffes soient trop longues, notamment chez les lapins âgés ou qui ne sont pas très actifs. Il faut alors les couper, dans l'idéal, à l'aide d'une pince spécifique disponible en animaleries. Chez les lapins aux griffes claires, on distingue facilement la zone irriguée par le vaisseau sanguin. La griffe devra être coupée quelques millimètres sous cette zone, de manière à ce que l'inclinaison de son extrémité corresponde à celle d'une griffe non coupée. La coupe s'avère néanmoins plus délicate sur les griffes très pigmentées des lapins de couleur sombre. Vous devez alors agir avec prudence pour éviter les saignements. Il est donc préférable de moins raccourcir la griffe et de la couper une nouvelle fois après quelques semaines. Si vous manquez de confiance pour réaliser cet acte, demandez à votre vétérinaire de vous montrer comment procéder.

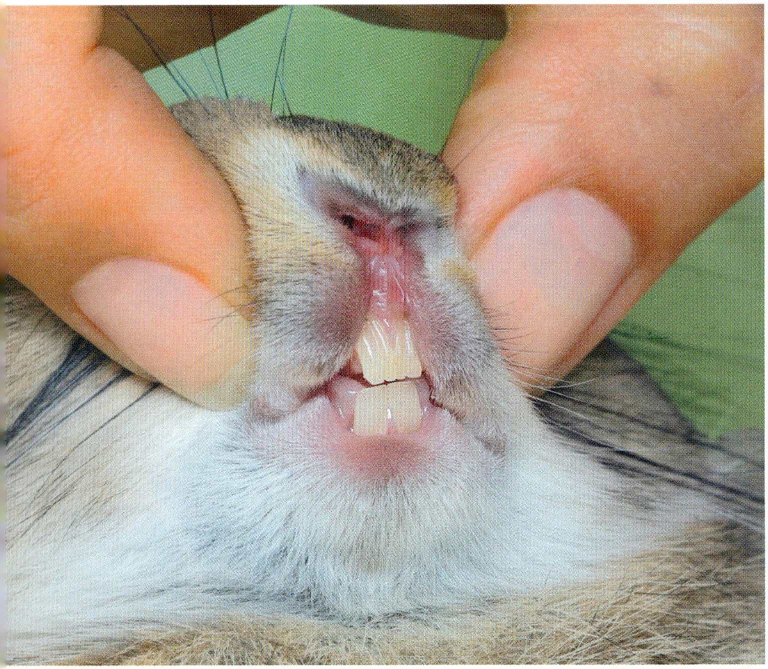

Ces dents ont une couleur normale. Vérifiez régulièrement que les incisives sont bien positionnées.

Contrôle des dents

Bien que vous ne deviez pas laver les dents de vos lapins, vous devez contrôler, une fois par semaine, leur usure et l'absence de dents cassées. Les dents peuvent prendre une mauvaise position si elles s'usent mal ou de manière incorrecte, en raison de la consommation insuffisante de foin ou en rongeant des branches. L'animal peut maigrir, refuser la nourriture et se mettre à baver. Si l'un de vos lapins adopte ce comportement, consultez un vétérinaire. Parfois, il suffit de corriger la position des dents une seule fois et, en cas de défaut congénital, le vétérinaire devra les raccourcir régulièrement.

Profitez des soins du pelage pour vérifier d'éventuelles altérations des poils et de la peau. Le pelage est un bon indicateur de la santé de l'animal.

Contrôle du poids

Vous devez peser votre lapin une fois par semaine pour avoir une idée objective de son état nutritionnel. Vous pouvez par exemple peser l'animal dans sa boîte de transport et déduire le poids de cette dernière. Une variation de poids de plus 100 g est préoccupante. Vous devez également être attentif aux faibles variations de poids des tout petits lapins. Les animaux trop gros, quant à eux, sont moins actifs et tombent plus facilement malades.

> **À SAVOIR**
> **Vaccins indispensables**
> **Une fois par an,** vous devez faire vacciner votre lapin par un vétérinaire pour le protéger de deux maladies dangereuses : le VHD (maladie hémorragique du lapin) et la myxomatose (pages 53 et 60).

Précautions

Pour habituer votre lapin à un nouvel aliment ou aux séjours hors de la cage, le principe est le suivant : procédez progressivement. Un lapin peut être élevé en liberté toute l'année, mais uniquement s'il a assez de temps en été et à l'automne pour se constituer un pelage d'hiver.

Reconnaître une maladie

Généralement, un lapin cache une maladie le plus longtemps possible. Vous devez donc être attentif au moindre signe suspect.

État de santé

Voici quelques contrôles simples pour savoir si un lapin est malade :

- **Les excréments du lapin** sont, en général, en forme de haricots et brun foncé. Un anus sale est un signe de diarrhée.
- **L'urine du lapin,** par rapport à celle d'autres animaux ou de l'homme, est très épaisse et plus sombre, jusqu'au brun foncé. Si le lapin mange beaucoup de betterave rouge, l'urine prend une teinte rougeâtre foncée tirant sur le violet.
- **Un lapin en bonne santé** présente un pelage dense, brillant et entretenu. Des croûtes, l'apparition de squames et des chutes localisées de poils peuvent trahir la présence de parasites. Vous devez également être sur vos gardes si le lapin se gratte plus souvent.
- **Des croûtes,** un écoulement nasal, oculaire ou auriculaire sont des signes préoccupants.
- **Un corps courbé** et une respiration rapide (sauf en cas de chaleur ou d'énervement) montrent que le lapin souffre, par exemple, de ballonnements, provoqués par une consommation excessive d'aliments frais.
- **Des mouvements inhabituels,** comme une claudication, ou la tête penchée, doivent vous mettre la puce à l'oreille.
- **Des pattes avants humides** sont souvent la conséquence d'un écoulement nasal ou de problèmes dentaires.
- **Palpez vos lapins** pour rechercher d'éventuels gonflements ou grosseurs. Si les tumeurs sont détectées de manière précoce, elles peuvent être généralement retirées sans problème à l'aide d'une intervention chirurgicale.
- **Un lapin en bonne santé** présente les caractéristiques suivantes :
  - Température corporelle (au niveau du rectum) : 38,5 à 39,5 °C.
  - Fréquence respiratoire : 50 à 150 mouvements par minute.
  - Pouls : 120 à 150 pulsations par minute.

Chez le vétérinaire

Avant de poser un diagnostic, le vétérinaire réalise un examen complet et se renseigne sur les conditions d'hébergement et l'alimentation de l'animal.

N'hésitez pas à poser des questions en cas de point obscur. Il vous apportera des réponses compréhensibles et prendra en compte vos soucis et vos craintes.

Respectez les indications du vétérinaire et suivez les prescriptions de son ordonnance.

Si le vétérinaire prescrit des comprimés, broyez-les et mélangez la poudre obtenue avec de la compote de pommes. Si l'animal refuse de manger, dissolvez les comprimés dans de l'eau (voir page 55), donnez-lui à la seringue sans aiguille.

Transportez toujours vos lapins dans une boîte prévue à cet effet de taille convenable.

Acariens et champignons

La présence de dépôts farineux et pâteux dans les oreilles est le plus souvent causée par des acariens, qui provoquent la gale. Des croûtes apparaissent à divers endroits de la tête. Selon l'espèce d'acarien de la gale, les démangeaisons sont plus ou moins fortes.
Par ailleurs, les lapins ne sont pas épargnés par les mycoses, qui se manifestent souvent par des altérations, plus ou moins circulaires, de certaines parties de la peau, associées à des chutes de poils. Si une maladie provoquée par les acariens ou les champignons se manifeste, vous devez consulter le vétérinaire qui prescrira un traitement approprié. Si vous soupçonnez une infestation de champignons, ne touchez pas votre visage ou d'autres parties de votre corps après avoir manipulé l'animal malade, afin d'éviter toute contagion. Désinfectez-vous les mains à l'aide d'un produit adapté car un simple lavage ne suffit pas.

Les maladies

Lorsque l'un de vos lapins montre des signes de maladies, vous devez le faire examiner par un vétérinaire. Les « recettes maison » sont généralement plus préjudiciables que bénéfiques. Cependant, il est important de connaître les maladies les plus fréquentes et de savoir réagir lorsque la situation l'exige.

Un lapin en bonne santé s'intéresse à son environnement. S'il cherche à s'isoler, soyez sur vos gardes : c'est souvent le signe d'une maladie.

Problèmes digestifs

Le plus souvent liés à l'alimentation, ils peuvent entraîner diarrhée et ballonnements. Toutefois, ils peuvent être également provoqués par une infection due à des bactéries ou à des organismes vivants unicellulaires, comme dans le cas de la coccidiose. Cette maladie épidémique touche principalement les animaux jeunes, uniquement après qu'ils ont quitté le nid et se manifeste par une diarrhée et des ballonnements.

▸ **Que faire ?** Consultez rapidement le vétérinaire et modifiez immédiatement l'alimentation du lapin en lui donnant du foin de bonne qualité et des branches de chêne et des diverses espèces de saule. Grâce à leur teneur élevée en tanins, elles sont bénéfiques en cas de diarrhée. Mettez aussi à disposition du lapin une grande quantité d'eau fraîche, à laquelle vous aurez

Des aliments frais sont essentiels à la santé de votre lapin. Néanmoins, vous devez cesser de lui en donner s'il souffre de diarrhée.

préalablement ajouté une pincée de sel. Si nécessaire, vous devrez nourrir l'animal vous-même (page 55).

Pasteurellose

Si l'environnement et les conditions d'élevage des lapins sont néfastes, il n'est pas étonnant que les animaux tombent souvent malades. Un écoulement nasal dilué est le premier symptôme. Très souvent, le lapin éternue. Le principal agent pathogène de ce "rhume" étant une bactérie tenace, l'animal peut être malade sur une longue période. Le lapin peut également maigrir, avoir les yeux et le nez collés, et son pelage peut se hérisser et perdre sa brillance.

▸ **Que faire ?** Généralement, un traitement médical ciblé suffit. Ce "rhume" est contagieux, les autres lapins, même s'ils paraissent en bonne santé, doivent être traités.

VHD (maladie hémorragique du lapin)

Cette maladie virale dangereuse (*Viral Haemorrhagic Disease*) peut frapper tous les lapins âgés au moins de six semaines et entraîner leur mort du jour au lendemain. Les modes de transmission ne sont pas entièrement connus, mais l'homme qui a été en contact avec des animaux malades peut infecter ses propres lapins. La durée d'incubation est d'un à trois jours. Cette maladie affecte les lapins sauvages de la même manière.

▸ **Que faire ?** Faites vacciner vos lapins une fois par an. Cette vaccination est obligatoire en cas de voyage à l'étranger.

Myxomatose

Cette maladie est surtout transmise par des insectes suceurs de sang, comme les moustiques et les puces. De nombreux lapins en meurent. Les signes et l'évolution sont très variés. Sous sa forme aiguë, les paupières gonflent, on observe un écoulement purulent au niveau des yeux et le lapin a de la fièvre.

▸ **Que faire ?** Protégez vos lapins en les vaccinant une fois par an. Deux vaccinations annuelles sont recommandées.

Ce que vous pouvez faire

Sachez que vous n'êtes pas complètement désarmé pour accélérer le rétablissement d'un lapin malade. Vous pouvez demander conseil auprès de votre vétérinaire, qui vous dira également si vous devez séparer les animaux pour éviter une contagion.
En cas de maladie, il est très important de veiller à l'hygiène de l'habitat de vos protégés.

En cas de diarrhée

Mélangez des pastilles de charbon avec un peu d'eau tiède jusqu'à obtenir une bouillie épaisse que vous donnerez en petites quantités à l'animal, à l'aide d'une petite spatule en bois, dans l'espace entre les incisives et les prémolaires. Si l'animal ne boit pas, vous devez lui donner de l'eau à l'aide d'une seringue sans aiguille.

En cas de rhume

Le vétérinaire vous donnera peut-être quelques conseils.

- **Chaleur.** Un animal enrhumé doit impérativement être placé au chaud. Pour ce faire, vous pouvez placer une lampe infrarouge, disponible dans le commerce, de manière à chauffer environ un tiers de la cage. L'animal peut alors décider de se réchauffer ou de s'éloigner de la lampe. Pour choisir la bonne distance, placez votre main dans la cage. Vous devez alors sentir une chaleur agréable.
- **Inhalations.** Près de la cage, placez une écuelle avec de l'eau chaude et quelques gouttes d'huiles essentielles. Veillez à ce que l'air circule bien, tout en évitant les courants d'air. Si le lapin malade est bien apprivoisé, vous pouvez même le prendre sur vos genoux, l'écuelle étant posée sur le sol. Afin d'éviter tout événement fâcheux, recouvrez l'écuelle avec une grille.

Le foin est le meilleur aliment en cas de maladie. Le lapin peut en manger à volonté.

En cas de coup de chaleur

Les lapins supportent mal la chaleur (page 25). Les symptômes de cette affection regroupent un halètement prononcé, des tremblements, une certaine agitation et une mauvaise coordination des mouvements. Dans ce cas, mettez immédiatement le lapin dans une pièce fraîche, au calme. Placez un tissu humide sur sa tête et ses pattes. En cas de graves troubles du système circulatoire, préparez un peu de café léger (une demi-petite cuillère pour un lapin nain et une petite cuillère pour un lapin plus gros), que vous donnerez à l'animal à l'aide d'une seringue sans aiguille d'un millilitre, en suivant la méthode décrite précédemment. Emmenez ensuite l'animal le plus rapidement possible chez le vétérinaire !

Lorsque vous soignez un animal malade, pesez-le régulièrement. S'il perd du poids, consultez un vétérinaire.

Prévenir les paralysies

Les lapins sont fréquemment frappés de paralysie, qui touche particulièrement les pattes arrière et le bas de la colonne vertébrale. Ces troubles sont souvent provoqués par des blessures consécutives à des coups, une chute ou des contusions. Vous devez absolument éviter que les lapins ne sautent d'une cage située en hauteur ou d'une table ou perdent l'équilibre sur un sol lisse. Par ailleurs, une carence en vitamines et des infections peuvent elles aussi entraîner une paralysie. Si votre animal montre de tels signes, tenez-le si possible au chaud et emmenez-le chez le vétérinaire sans trop le bouger.

À SAVOIR

Une alimentation artificielle

Si un lapin malade refuse de s'alimenter, vous devez lui préparer sa nourriture. voyage est très stressant. **Pour ce faire, mélangez** des granulés de foin finement broyés avec une infusion de foin, du thé à la camomille et du lait en poudre jusqu'à obtenir une bouillie. Nourrissez l'animal avec cette préparation, à l'aide d'une seringue sans aiguille d'un millilitre. Ajoutez de la purée de carottes pour bébé en guise de **complément**.

Reproduction

Les jeunes lapins nains ne laissent personne indifférent. Cette petite boule de poils aux grands yeux ne doit cependant pas vous ôter toute vigilance : les capacités de reproduction des lapins sont proverbiales...

Dans tous les pays où les lapins ont été abandonnés, ils sont devenus un véritable fléau en l'absence de prédateurs naturels. L'exemple le plus connu est celui de l'Australie : au XIXe siècle, quelques lapins ont été abandonnés. Ils se sont reproduits à un tel rythme qu'ils sont devenus une véritable calamité sur le continent que l'on n'a pas encore vraiment réussi à endiguer.

La gestation dure généralement 31 jours.

Accouplement

Qu'ils soient sauvages ou domestiques, les lapins peuvent se reproduire sans problème environ huit fois par an. Dans la nature, ce comportement est nécessaire à la préservation de l'espèce car le lapin compte de nombreux prédateurs. Seule une petite partie des lapereaux nés dans l'année passera le cap de leur premier anniversaire.
Si vous souhaitez vous lancer dans l'élevage, sachez que les lapins nains et les petites races sont prêts à se reproduire à partir de 6 ou 7 mois, les races moyennes à partir de 8 ou 9 mois et les grandes races entre 9 ou 11 mois. Lorsqu'une femelle est prête à se reproduire, son comportement se modifie : elle retourne souvent la litière et commence même à aménager un nid. En principe, l'éleveur amène la femelle au mâle.

Construction du nid et naissance

Les lapereaux naissent en moyenne après une gestation de 31 jours.
Une portée comporte généralement quatre à huit petits. Les lapins nains de pure race, quant à eux, ont des portées plus modestes, le plus souvent d'un à trois lapereaux, plus rarement de quatre ou cinq. Si les petits ne sont pas nombreux, ils seront normalement plus lourds et naîtront un peu plus tard. S'il s'agit d'une grosse portée, les lapereaux, généralement un peu plus

Avant la naissance, la lapine construit un nid avec du foin, de la paille et ses propres poils. Les animaux en chaleur adoptent parfois ce comportement.

petits, naissent un peu avant le 31e jour. Avant la naissance, la femelle commence à bâtir le nid. Elle prend de la paille ou du foin dans sa bouche et rassemble les brins dans le coin le plus sombre du clapier ou de la cage. Elle s'arrache ensuite les poils de la base du cou, de la poitrine et du ventre. Afin que les poils fins ne restent pas collés à la muqueuse de la bouche, la lapine reprend de la paille ou du foin en travers de sa bouche et arrache les poils afin qu'ils se trouvent devant ce « barrage » de paille ou de foin.

▸ **Les lapereaux** naissent rapidement après la préparation du nid. Chaque lapin dispose de son enveloppe fœtale et de son propre placenta. Après la naissance, la mère mange le placenta et le cordon ombilical, en remontant vers le petit, de manière que le cordon soit de la bonne longueur.

▸ **Après avoir léché,** pour le sécher, le premier petit qui vient de naître, le lapereau suivant vient très rapidement. À l'instar du lapin européen, la mère allaite ses petits une fois par 24 heures.

▸ **Après la naissance,** vous devez contrôler le nid, si possible en l'absence de la mère. Lavez-vous et séchez-vous les mains, ouvrez le nid avec précaution. Comptez les petits, vérifiez leur nombril et assurez-vous qu'ils sont bien nourris.

À SAVOIR

Des petits bien nourris

Des lapereaux en bonne santé et bien nourris ont un ventre rebondi sur lequel on ne distingue pas de pli cutané. Ces plis indiquent une alimentation et un apport en liquide insuffisant.

L'éducation des lapereaux

Les lapins sont des animaux nidicoles (ils naissent sans poils, ils sont aveugles et sourds). Pendant les premiers jours et semaines de leur vie, les lapereaux dépendent entièrement de leur mère pour les soins, la nourriture et la chaleur. La lapine aménage généralement un nid douillet afin de maintenir les petits au chaud. En revanche, les levreaux (petits du lièvre) sont nidifuges. Ils naissent avec des poils, ils peuvent entendre, voir et naissent dans un creux du sol. Quelques heures après leur naissance, ils peuvent se déplacer. Chez les lapins, l'odorat, le toucher et le sens de l'équilibre des petits sont développés dès leur naissance, mais leur goût ne l'est pas particulièrement. Ils peuvent néanmoins reconnaître le sucré et l'acide. À l'âge d'environ sept jours, leurs poils commencent à pousser. À deux semaines, leur pelage gagne en épaisseur et on commence à distinguer sa couleur. Leur rayon d'action s'étend progressivement et, au fur et à mesure qu'ils grandissent, ils s'éloignent de plus en plus du nid lorsqu'ils partent en excursion.

À SAVOIR

L'alimentation artificielle

Lorsque les petits ne sont pas suffisamment nourris, il convient d'utiliser un lait composé de : 53 % de lait écrémé en poudre, 32 % de protéines de petit-lait, 12 % d'huile de tournesol et de coco (respectivement 1/4 et 3/4) et 3 % d'un mélange de vitamines, de minéraux et d'oligo-éléments. Les lapereaux boiront ce lait à la pipette une à deux fois par jour, réchauffé à leur température.

▸ **À l'abri** La mère enfouit ses petits dans le nid douillet et tapissé de paille et de ses poils. Lorsqu'ils sont bien nourris, les lapereaux ont un ventre rebondi, sans pli cutané. Au bout d'une semaine, les poils commencent à pousser. Le pelage est déjà dense après deux semaines.

1

2

◂ **Progrès** Les lapereaux voient leur poids de naissance doubler en 6 à 8 jours et même quintupler après environ 14 jours. Ils ouvrent les yeux lorsqu'ils sont âgés de 12 à 14 jours. Ils quittent le nid au bout de trois semaines environ. Pendant leurs premières excursions, ils commencent déjà à chercher seuls leur nourriture.

▸ **Indépendance** Les lapereaux se séparent de leur mère au bout de huit semaines. À cet instant, la lapine produit déjà beaucoup moins de lait. En principe, ce sont d'abord les lapereaux les plus vigoureux qui se séparent de leur mère en premier. Ainsi, les juvéniles plus faibles ont plus de chances de rattraper leur retard par rapport à leurs frères et sœurs.

3

4

◂ **À l'école** Si possible, les lapereaux séparés de leur mère ne seront pas élevés seuls. Il est recommandé de préserver les fratries, par groupe de deux ou trois juvéniles. Après deux à trois semaines de cohabitation, ils apprennent beaucoup de choses les uns des autres. Naturellement, lorsque vous devez accueillir deux nouveaux pensionnaires, l'idéal est de choisir deux membres d'une même fratrie.

Coin infos

Pour en savoir plus :

- *Soins du lapin de compagnie, Bien-être et maladies.* JF Quinton. Éditions Ulmer, Paris, 2007. 144 pages, 19,90 €

Réalisation

- **Le Dr Friedrich Altmann** est vétérinaire et zoologue. Pendant 28 ans, il a été vétérinaire et directeur d'un zoo. Il a ensuite enseigné à l'université de médecine vétérinaire de Vienne, en Autriche, et y a dispensé des cours sur les animaux des climats chauds et les petits animaux domestiques.

- **Je souhaite** remercier mon éditeur, M. Roland Ulmer, le Dr Nadja Kneissler pour la qualité de notre collaboration, ainsi que ma relectrice, le Dr Eva-Maria Götz, qui a toujours tenu compte de mes aspirations.

- **Regina Kuhn** est photographe indépendante. Elle possède une longue expérience dans la photographie d'animaux domestiques.

- **L'éditeur et la photographe** souhaitent remercier, pour l'aide apportée dans la réalisation des photographies, les personnes suivantes : Ute et Tamara Oberhoffner (Endersbach), Christiane Rüdinger (Stuttgart), Elâ Lilian Matern, (Hochdorf), Ann-Katrin Dörflinger, (Aalen), Joachim Brack (Herleshausen) et Franz Gerger (Asperg).

Traduit de l'allemand par : Caroline Lelong.

8, rue Blanche
75009 Paris
Tél. : 01 48 05 03 03
Fax : 01 48 05 02 04
Internet : www.editions-ulmer.fr
Photographies : Regina Kuhn
sauf p. 63 : Biosphoto/Klein J.-L. Hubert M.-L.
Réalisation : Chester Roc
Impression et reliure : Alcione Trento
Printed in Italy

ISBN : 978-2-84138-372-6

N° d'édition : 372-01

Responsabilité

L'auteur et l'éditeur se sont efforcés d'apporter les informations les plus fiables possibles.
Des erreurs ne peuvent toutefois être totalement exclues. Aucune garantie quant à l'exactitude des informations ne peut donc être donnée. Leur responsabilité pour les dommages éventuels qui pourraient en résulter ne pourra être juridiquement invoquée.

Index

A
Abreuvoir 47
Abri 22
Acariens 51
Accessoires 22
Accouplement 56
Âge 15
Aliments frais 34
Aliments prêts à l'emploi 34
Anatomie 9
Autonomie 40
Avion 43

B
Balle 39
Ballonnements 50, 52
Betteraves 37
Boîte de transport 43
Bouteille 22
Brossage 46

C
Cæcotrophes 31, 35
Cage 20, 22
Carottes 37
Certificat de vaccination 43
Champignons 51
Chien 33
Choux 36
Chute de poils 50
Coccidiose 52
Cochons d'Inde 33
Comportement 10, 30
Couleurs 10
Couple 14
Croûtes 50
Crudités 36

D
Dangers 42
Dents 48, 49
Désinfection 47
Diarrhée 36, 50, 52, 54

E
Eau 34
Écuelle 22, 47
Élevage 56
Enclos 22
Enfants15
Environnement 42
Extérieur 21, 24

F
Femelle 32
Fibres 35
Foin 34
Friandises 35
Fruits 37

G
Gale 51
Gestation 9
Glande mentonnière 30
Goût 9
Graminées 34
Griffes 48
Groupe 32

H
Herbes 34
Hypothermie 47

I
Incisives 48

J
Jeux 25

L
Lapereaux 57, 58
Lapin à poils normaux 13
Lapin blanc aux yeux bleus 13
Lapin de garenne 7
Lapin lion 12
Lapin nain angora 13, 46
Lapin nain bélier 12
Lapin nain coloré bleu/crème 13
Lapin nain coloré noir et feu 12
Lapin nain tacheté 12
Litière 22, 23, 30, 31, 47

M
Maladie hémorragique du lapin 49, 53
Maladies 48, 50
Mâle 32
Mycoses 51
Myxomatose 49, 53

N
Naissance 56, 57
Nettoyage 47
Nid 56

O
Obstacles 41
Odorat 8
Ouïe 8

P
Paralysie 28, 53
Parasites 50
Partenaire 14, 32
Pasteurellose, 3
Pelage 10, 11, 46
Pissenlit 35
Poids 9, 49
Poils longs 10, 46
Poils ras 10
Portée 56
Potée 9

R
Râtelier 22
Rhume 53, 54
Rouleau 39

S
Salades 36
Santé 17
Surveillance 42

T
Température corporelle 50
Territoire 42
Tonte 46
Toucher 9
Tubes 22
Tumeurs 50

U
Urine 50

V
Vacances 47
Vaccins 43, 49
Vétérinaire 43, 48, 49, 51, 52, 55
VHD 49, 53
Vibrisses 9
Vitamines 35, 37, 55
Voyage 43
Vue 8

ZOOM

La page des enfants

Fais le plein d'astuces

Les lapins sont des animaux très curieux et aventureux. Tu peux bricoler de nombreux jouets passionnants pour tes petits amis.

Ce livre propose de nombreuses idées de jeu pour tes lapins. Ces petits garnements apprécieront un terrain de jeu fabriqué avec des cartons. Au gré de son humeur, la joyeuse bande pourra alors se défouler ou jouer au chat et à la souris. Si tu remplis les cartons avec du foin et y cache des friandises (comme un morceau de fruit ou de carotte), les lapins s'amuseront encore plus. Vérifie qu'il n'y ait pas de trace de colle sur les cartons.